"Un fait que j'ai souvent observé chez les enfants, c'est qu'ils sont enclins à maltraiter toutes les pauvres créatures qui sont en leur pouvoir."
John Locke, 1693

Remerciements :

Nathalie Palméro de Vals, Julien Messemackers, François Tessier & Valéria Vanguelov.

Dépôt légal : octobre 2011
N° d'édition : 16 906
Conception et réalisation maquette : Alice Nussbaum
Photogravure : Domigraphic
Impression et brochage : Imprimerie Pollina n° L58297
Imprimé en France – ISBN : 978 2 246 78686 3

Loi n° 49-956 du 16 juillet 1949
sur les publications destinées à la jeunesse.

LE YARK

Bertrand Santini
Laurent Gapaillard

Lecteurs en herbe

GRASSET-JEUNESSE

I

Le Yark

Parmi tous les types de Monstres qui grouillent sur la terre, l'Homme est l'espèce la plus répandue.

Il en est une autre, cependant, plus rare et moins connue.

C'est le Yark.

Le Yark aime les enfants.

Il adore sentir leurs petits os craquer sous sa dent et sucer leurs yeux moelleux comme des bonbons fondants.

Il raffole de leurs petits doigts, de leurs petits pieds, de leurs petites langues qu'il mâchouille avec un brin de menthe comme une friandise sucrée et merveilleusement gluante.

Fin gourmet, il aime également siroter leur cerveau qui – paraît-il – a le goût du Chamallow.

Pas raciste pour un sou, il en dévore de toutes les couleurs. Qu'ils soient noirs, jaunes ou blancs, tous les enfants du monde ont le sang rouge et le cœur succulent.

Gare à sa morsure…

Cet ogre de six mètres a la dent dure !

Il plane en silence au-dessus des maisons endormies et l'odeur de la chair fraîche le guide comme un phare dans la nuit.

Attention !

Sa main tourne la poignée de votre porte…

Et quand bien même elle est fermée, ses ongles crochus lui serviront de clé.

Pauvre de vous ! Tandis que vous rêvez, il s'approche à pas de loup pour ne pas faire grincer le parquet. Au-dessus du lit, il se penche pour vous renifler.

Miam ! Votre odeur d'amande et de beurre frais le fait saliver…

Sa présence vous réveille et vous vous demandez :

– Est-ce déjà l'heure du petit déjeuner ?

Ce sera votre dernière pensée.

Vous clignez des yeux, puis vous les ouvrez tout à fait. Non ! Vous ne rêvez pas ! Il est là ! Immense comme une lune noire. De la bave suinte de ses crocs quand il entrouvre sa mâchoire…

Et voilà. C'est fini.

Sans douleur et sans cri.

Vous venez d'être croqué sous le regard impuissant de vos doudous pétrifiés.

Le Yark aime aussi beaucoup les animaux. Mais il n'en mange jamais, estimant qu'ils sont vraiment trop mignons pour être dévorés.

2

La faiblesse des Monstres

Mais sous leurs airs féroces, les Monstres dissimulent toujours quelques faiblesses pouvant les mener à leur perte.

King Kong avait le cœur sensible, Dracula redoutait le soleil, le Colosse avait les pieds d'argile… Le Yark, lui, a l'estomac fragile.

Son ventre délicat ne tolère que la chair d'enfants sages, un peu comme les vieux, qui avec l'âge, ne digèrent plus que le potage.

De nombreuses études médicales démontrent en effet que les bêtises modifient la composition chimique de l'enfant. Quand il commet une mauvaise action, son cœur distille un poison violent et sa chair devient plus toxique que le venin d'une vipère aspic.

VACUUM
EDGAR FRERES

N'écoutant que son ventre, le Yark croque parfois des vilains. Mais il regrette aussitôt son festin. Les menteurs lui donnent mal au cœur, les sauvageons des boutons et les chenapans lui gâtent les dents. Quant aux petits sadiques, ils lui refilent la colique.

Déplorable faiblesse digestive !

Le Yark aurait cent fois préféré se régaler de sauvages et de méchants, comme les chèvres qui tout en se nourrissant débarrassent le monde des orties, des mauvaises herbes et du chiendent.

Mais les bons sentiments n'ont jamais nourri personne. Et surtout pas les Monstres.

La Nature, qui ne connaît pas de morale, se fiche malheureusement de ce qui est bien et de ce qui est mal.

Et depuis la nuit des temps, force est de constater que ce sont toujours les plus gentils qui se font bouffer en premier.

3

Les enfants modernes

Ah, comme les Monstres regrettent le temps passé ! Jadis, l'enfant était tendre et naïf. Un déguisement de mère-grand suffisait pour le faire tomber dans leurs griffes.

La consommation régulière de ces petits anges pleins d'innocence garantissait, été comme hiver, une santé de fer.

Hélas, notre époque contraint le Yark au régime. Les temps modernes ne produisent quasiment plus d'enfants comestibles.

De nos jours, les chenapans pullulent sur terre comme des pustules au menton des sorcières. Les cours d'école grouillent d'un petit peuple bête et méchant, portrait craché de leurs parents.

À peine plus haut que trois pommes, l'enfant possède déjà tous les travers des hommes. Ça joue aux cow-boys, ça fait le vantard, mais ça mouille sa culotte dès qu'on éteint la lumière du couloir.

Bavards, gourmands, capricieux, froussards, fainéants, paresseux, à vrai dire, s'ils ne faisaient pas d'excellents ragoûts, les enfants ne serviraient à rien du tout. Leur cerveau rudimentaire ne leur permet d'accomplir que des tâches élémentaires. Manger, mentir et ricaner, voilà tout ce qu'ils font de leur journée.

Si seulement ils avaient de l'esprit !

Mais réfractaire aux pensées profondes et à la poésie, le gamin d'aujourd'hui ne rigole qu'aux histoires de caca ou de zizi.

Qu'il semble lointain ce temps béni où le Yark croquait à pleines canines des bambins gorgés de vitamines. Car notre époque n'altère pas seulement l'âme enfantine. Gavé de produits industriels, l'enfant moderne a perdu sa qualité nutritionnelle d'antan.

Sa chair flasque et molle est ainsi constituée aux deux tiers de cholestérol.

Quant à son hygiène, elle est déplorable. L'enfant est devenu un nid à microbes et la prudence impose de le bouillir avant de le servir à table.

Non, notre siècle n'est pas facile pour un ogre au ventre fragile. Et comme une espèce animale victime de la pollution, le manque d'amour et de bonne éducation classe le Yark dans la catégorie des Monstres en voie d'extinction.

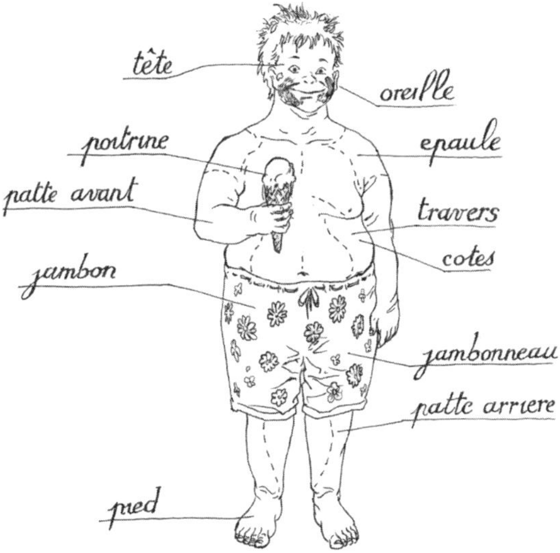

4

La liste

La nuit est tombée.

Telle une âme en peine, le Yark erre aux abords d'une forêt battue par un vent glacial. Épuisé, il s'abrite sous un pylône électrique.

Pauvre démon ! Ce soir encore son estomac vide gargouille de désespoir.

Il a beau planer au-dessus des écoles, des squares et des orphelinats, son flair ne détecte que l'odeur de galopins immangeables.

– Où pourrais-je trouver des enfants comestibles ? se lamente le Monstre. Il doit pourtant bien en rester quelques-uns !

Mais dans ce monde de gredins, autant chercher une aiguille dans une botte de foin !

Un flocon puis deux… La neige commence à tomber. Le Yark se dit qu'il sera certainement mort de faim avant Noël.

Alors que des larmes lui montent aux yeux, il relève brusquement la tête et s'écrie :

– La liste du Père Noël ! Mais oui, bien sûr…

Cet éclair de génie le fait sautiller de joie.
– Quel festin, si je me procurais ce bout de papier ! Je connaîtrais ainsi l'adresse et le nom des enfants sages du monde entier ! Ah, quel idiot ! Comment n'y ai-je pas songé plus tôt ?

De la salive coule de ses babines quand il pense à cette liste plus alléchante que le menu d'un restaurant gastronomique. Et sans plus attendre, le Yark s'envole haut dans le ciel, tout droit en direction du pays du Père Noël.

Quelques heures plus tard, le Monstre atterrit près du pôle Nord. À l'orée d'une forêt, il aperçoit quatre petits points de lumière : la maison du Père Noël !

Toc ! Toc ! Toc !
– Tiens ? Qui me rend visite si tard ? se demande l'auguste vieillard.

Quand il ouvre la porte de sa chaumière, le Père Noël tombe nez à nez avec un ours polaire.

Il s'agit du Yark, évidemment ! Ce malin s'est roulé dans la neige pour tromper l'ami des enfants.
– Bonsoir Père Noël ! Je suis un pauvre ours qui s'est perdu dans la forêt ! Puis-je entrer pour me réchauffer ?

Le bon père accueille son visiteur à bras ouverts.
– Entre, l'ami ! Sois le bienvenu dans ma demeure !

Le vieil homme referme la porte et désigne à son hôte une table garnie de pâtisseries nappées de chantilly.

– Tu tombes à pic ! sourit le bon père. Juste à l'heure du dessert !

– Mmh… J'en ai l'eau à la bouche ! salive le Yark en contemplant non pas les gâteaux, mais la liste d'enfants sages posée sur un bureau.

Discrètement, il s'en approche. Mais en passant devant la cheminée, la neige fond et le déguisement du Yark disparaît dans une flaque. Le Père Noël reconnaît ce gredin et sa barbe se hérisse comme un gros chat en colère.

– Sors d'ici, bestiasse ! Croqueur d'enfant !

– Il faut bien se nourrir ! répond le Yark du tac au tac.

– Oui, mais pas d'enfants sages ! Tu veux me mettre au chômage ?

D'un bond, le Monstre se jette sur la liste avant que le Père Noël ait le temps de faire un geste. Ce dernier riposte avec la première arme qui lui tombe sous la main, une bombe à chantilly.

– Repars en Enfer ! hurle le vieillard en mitraillant son visiteur de puissants jets de crème.

L'onctueux geyser qui s'abat sur le Monstre lui redonne l'allure d'un ours polaire. Aveuglé, il se cogne contre une étagère qui s'effondre en noyant la précieuse liste sous une avalanche de feuilles.

– La liste ! Je ne trouve plus la liste ! vocifère le Yark.

Ah, quelle déroute ! Quelle défaite !

Le Monstre englué doit battre en retraite et s'enfuit dans la nuit noire sans demander son reste.

Quand il n'a plus de souffle et que le silence se fait autour de lui, le Yark éclate en sanglots et s'effondre de tout son poids dans la neige.

– Cette liste était ma dernière chance. Cette fois, je suis cuit!

Il sent alors quelque chose lui chatouiller les fesses. En palpant son derrière poisseux de chantilly, ses doigts effleurent un bout de papier.

Surpris, il tire d'un coup sec. La feuille se détache en arrachant quelques poils. Le Yark étouffe un cri de douleur. Mais quand il découvre dans sa main la liste tant convoitée, c'est un cri de victoire qui retentit jusqu'aux étoiles.

5

Charlotte

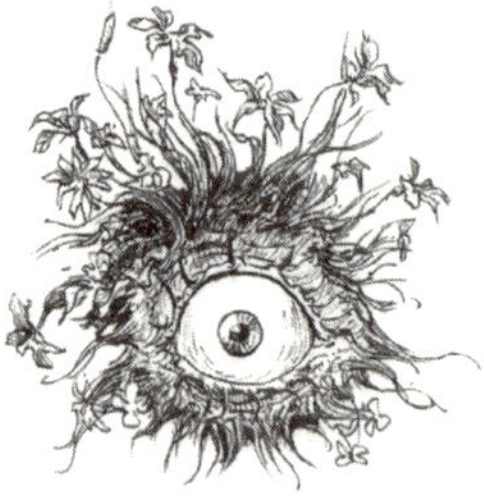

Le Yark plane de joie.

Au-dessus des mers, des forêts, et des villages, son ombre immense s'étale sur le monde endormi.

Au clair de la lune, il déplie fébrilement la liste pour découvrir le nom de la plus gentille fille du monde. La description de cette petite Provençale prénommée Charlotte aiguise son appétit.

« *Excellente écolière, hygiène impeccable, prie Dieu tous les soirs, débarrasse la table. PS. Et en plus, elle trie les ordures !* »

– Une perfection gastronomique ! s'extasie le Yark.

Il est vrai que les premières de la classe ont une saveur exquise évoquant le parfum de la tarte aux cerises.

Fou d'impatience, le Monstre se laisse choir de tout son poids au cœur de la Provence.

Voilà. Il est déjà dans la maison de Charlotte.

Sur la pointe des pieds, l'affamé approche de son lit. La masse énorme se déplace sans bruit. Au-dessus de sa proie, un bouillon d'odeurs charme ses narines.

– Mmh ! ronronne le Monstre. Ça sent bon la gentille !

Il regrette alors de ne pas avoir emporté d'accompagnements pour compléter son festin. Car si le fayot s'accorde au mouton comme la purée s'accommode au jambon, rien n'est plus succulent qu'un gigot de fillette agrémenté d'une poignée de cacahouètes.

Sa griffe affûtée comme une lame de rasoir caresse la joue rose de la petite endormie.

– Coucou ! chuchote-t-il pour éveiller l'enfant en douceur.

C'est qu'il ne faudrait pas l'effrayer ! Tous les Monstres savent que la terreur glace le sang et ôte à la chair tout son raffinement.

Charlotte ouvre les yeux. Une montagne poilue lui sourit de toutes ses dents pointues.

– Le Yark ! hurle-t-elle.

Mais elle ajoute aussitôt ces mots insensés :

– Ah, quel bonheur ! Merci, Seigneur ! Le Yark est arrivé !

Et Charlotte se jette dans les bras du Monstre pour le couvrir de baisers.

Baba comme deux ronds de flan, le Yark la repousse d'un geste indigné.

– Mais tu devrais avoir peur de moi, voyons ! Je suis un Monstre !

– Oh, mais pas n'importe lequel ! sourit la fillette avec malice. Tu es le Yark ! Et j'ai lu dans un livre que tu ne peux pas manger les enfants méchants.

– Ah oui ? Hum… Possible… grommelle le Yark, gêné que l'on évoque ses embarras intimes. Mais toi qui es si gentille, tu vas faire un excellent repas, poursuit-il en reprenant sa grosse voix.

– Justement, chuchote l'enfant modèle. J'en ai marre d'être sage comme une image ! J'aimerais tellement commettre des bêtises… Mais je n'ose jamais !

Les yeux de la fillette luisent d'une étrange lueur.

– Mais ce soir, grâce à toi, je vais être obligée d'en faire !

– Qu'est-ce que tu racontes, demande le Monstre, vaguement inquiet.

Charlotte extrait alors un petit livre du tiroir de sa table de chevet.

– Cet ouvrage très instructif renseigne sur les mille et une façons de se défendre face aux Monstres. Plusieurs chapitres te sont consacrés…

Elle feuillette quelques pages, puis lit un passage à voix haute : « *En cas d'attaque de Yark, vous devez impérativement commettre des bêtises afin de vous rendre immangeable. Ainsi, ce Monstre allergique aux méchants ne pourra plus vous croquer. Un gros mot, un mensonge, ou tartiner son petit frère de ketchup vous rendra toxique durant quelques heures. Et si vous faites pipi sur un tapis, vous ne serez plus comestible jusqu'au bout de la nuit.* »

– Tais-toi ! hurle le Yark dans un éclat de rage. Ce livre raconte n'importe quoi !

Mais la colère du Monstre atteste plutôt que tout cela est vrai.

– Alors, voyons ! triomphe Charlotte. Par quoi vais-je commencer ? Dire des gros mots, faire pipi par terre ou zigouiller mes poupées ?

– Non ! Pitié ! supplie le Monstre à genoux. J'ai si faim ! Ne te rends pas immangeable !

Charlotte referme le livre avec un air déterminé.

– Je vais commencer par les gros mots !

– T'es trop une chochotte ! Tu n'y arriveras pas ! rugit le Monstre hors de lui.

– Pipi ! Caca ! Zizette ! braille la fillette en guise de démenti.

– Mon repas est foutu ! suffoque le Yark en sanglots.

La fillette hilare bondit sur une table pour entonner ce refrain lamentable :

– Quand ma mamie pète / Son dentier fait des castagnettes !

– Toute cette bonne nourriture gâchée ! gémit le Monstre éploré.

Ivre de joie, Charlotte sautille aux quatre coins de la pièce en renversant ses meubles, arrachant les cheveux de ses poupées, piétinant ses peluches.

– Quel bonheur ! jubile-t-elle, baissant son pyjama avec l'intention de faire caca dans son cartable.

– Ah non ! Pas ça ! hurle le Yark indigné.

Soudain, un brouhaha venant du couloir interrompt la dispute. Alertés par les cris de Charlotte, son père et sa mère se sont réveillés.

– Tes parents ! sursaute le Yark. Ah, quand ils verront ce carnage, ils te fileront une fessée bien méritée !

– Non ! Je leur dirai que tu es venu m'attaquer !

– Ah, oui ? Et qu'est-ce qui leur prouvera que tu dis vrai ?

– Ceci ! répond Charlotte en arrachant une touffe de poils au derrière du Yark.

– Ouille ! hurle le Monstre scandalisé. Il n'y a vraiment rien de plus sadique qu'une fillette bien éduquée !

Et dans un fracas de vitres brisées, il se jette à travers la fenêtre qu'il n'a malheureusement pas eu le temps d'ouvrir.

Le choc est tel qu'un pan du mur s'effondre.

Au même instant, les parents déboulent dans la chambre dévastée.

– Que se passe-t-il ? demande la mère affolée.

Excellente comédienne, Charlotte fond en larmes et se précipite dans les bras de son père.

– Le Yark ! Il est venu m'attaquer !

– Le Yark ? frémissent les parents.

– Oui ! Et j'ai été forcée de commettre d'affreuses bêtises pour l'empêcher de me dévorer !

– Pauvre petite chérie ! gémit la mère en serrant son enfant contre elle.

Le père examine avec gravité une touffe de poils traînant sur le sol.

– Du poil de Yark, sans aucun doute !

– Tu ne me puniras pas, n'est-ce pas, Papa ? supplie Charlotte en faisant de grands yeux de biche.

– Non, ma fille. Tu as bien agi ! Et sois rassurée ! Après cette bonne leçon, ce Monstre infâme ne reviendra plus jamais t'embêter !

– Tu crois ? murmure tristement Charlotte en contemplant les étoiles à travers le mur dévasté.

6

Lewis

Vilaine ! Vilaine ! Vilaine ! fulmine le Yark en zigzaguant dans un ciel plein d'éclairs.

Furieux de sa mésaventure, il raye le nom de Charlotte à grands coups de ratures.

– Au suivant ! fulmine-t-il.

Car ventre affamé ne renonce jamais et le Yark déchiffre déjà le nom de son prochain dîner. Il se nomme Lewis et habite un vieux faubourg de Londres.

– Chouette ! Un Anglais ! se réjouit le Yark qui raffole de ces petits êtres au teint clair, à la tignasse rouge et aux dents de hamster.

Gueule béante et langue pendante, le Monstre plonge à pic vers l'Empire britannique.

En atterrissant devant la maison de Lewis, le Yark se promet de n'entamer aucune conversation.

Non ! Cette fois, pas de toc toc à la porte ni de blabla comment ça va. Il surgira comme un diable dans la chambre, traversera la pièce, filera jusqu'au lit, se jettera sur l'enfant, et ni vu ni connu, le croquera tout cru.

Arrivé devant la chambre de Lewis, le Yark respire un grand coup.

– Pas de toc toc à la porte ni de blabla comment ça va... répète-t-il pour se donner du courage.

Alors, c'est parti !

Le Yark surgit comme un diable dans la chambre, traverse la pièce, file jusqu'au lit, se jette sur l'enfant...

Mais catastrophe ! Le lit est vide !

– Comment est-ce possible ! panique le Monstre en tripotant les couvertures. À cette heure, tous les enfants sages roupillent sous leur couette ! Où diable est ce Lewis ?

Il se penche, jette un coup d'œil sous le matelas...

Personne...

Une odeur alerte pourtant ses narines. Un fumet de petit garçon flotte autour de lui. Il renifle encore… Son flair puissant distingue le parfum de petits yeux, de petits doigts, de petits pieds, d'un petit foie, et même, en reniflant encore, l'odeur sanguine d'un petit cœur tambourinant sous sa poitrine.

Soudain, le Yark perçoit un mouvement.

Là !

Dans la tente indienne dressée près du lit.

D'un geste lent, le Yark entrouvre le tipi…

À l'intérieur, un garçonnet le fixe droit dans les yeux.

– T'es qui, toi ? demande le bout de chou pas effrayé pour deux sous.

Un tel sang-froid étonne le Monstre. Il est toutefois soulagé de ne pas être reconnu. Cette fois, l'enfant ne tenterait pas d'éructer des gros mots ou de faire des saletés dans son cartable dans le but avoué de se rendre immangeable.

– Qu'est-ce que tu fais ici ? insiste le petit Anglais.

Ne surtout pas répondre ! se redit le Yark en se mordillant l'intérieur des joues. Pas question de se laisser embobiner ou attendrir ! C'est que c'est un sensible, le Yark ! Combien de fois, pour avoir trop conversé avec sa proie, a-t-il ressenti un peu de peine au moment de la croquer ? Ce n'est déjà pas drôle de devoir chasser sa nourriture. S'il faut en plus sympathiser avec son dîner !

Tuer son prochain est une sale besogne et aucun Monstre ne trouve de charme à ces crimes carnivores, exception faite, bien sûr, des vampires, des zombies et des toréadors.

– Tu t'appelles comment ? redemande l'enfant sur un ton innocent.

Alors, ni une ni deux, le Yark déplie sa grosse bouche bordée de dents tranchantes, et clac ! Le petit Anglais disparaît dans un gouffre affamé.

– Youpi ! Tralalalala ! triomphe le Monstre dans un élégant pas de danse. Ce petit Lewis était vraiment un délice !

Il se met à rire et à tortiller du bassin.

– Ah, quel délice ! Ah, quel festin ! Ah, quel bonheur d'avoir le ventre plein !

Mais brusquement, le Yark s'immobilise. Des sanglots résonnent dans le noir. Il tend l'oreille… Ces bruits proviennent de l'armoire…

– Y'a quelqu'un là-dedans ? chuchote le Monstre en s'approchant du meuble.

– Oui ! Par pitié, libérez-moi, supplie une voix enfantine.

– Qui es-tu ? demande le Yark.

La petite voix répond alors ces quatre mots tragiques :

– Je m'appelle Lewis !

7

Jack

Lewis ? Comment ça, Lewis ?

Le Monstre triture nerveusement la clé de l'armoire et d'un geste sec, tire sur la poignée. Le petit garçon qui jaillit du meuble se jette dans les bras de son sauveur.

– Ouf ! Merci ! J'allais étouffer !

– Mais qui t'a enfermé là-dedans ?

– Mon frère !

– Quel frère ?

– Jack ! Mon méchant grand frère !

– Méchant ? balbutie le Monstre de plus en plus nerveux. Méchant comment ?

– C’est une crapule ! Un gangster ! La pire canaille de toute l’Angleterre ! Chaque nuit, il m’enferme dans l’armoire pour jouer avec mes affaires !

Le Yark réalise alors sa terrible bévue.

– Nom d’une pipe ! Je viens de bouffer un méchant tout cru !

– T’as mangé Jack ? pouffe Lewis sans trop y croire.

– Par erreur ! hurle le Monstre. C’est un effroyable malentendu ! C’est toi que je devais croquer ! Maintenant, je vais être malade ! Je suis allergique aux canailles !

Pour preuve, le Yark se sent déjà patraque ! Ses jambes flageolent, son estomac gargouille, ses oreilles bourdonnent, ses fesses grattouillent. Il tousse, bave, suffoque, se couvre de boutons, de pustules et de cloques.

Brusquement, il pète un jet de flamme tonitruant.

La boule de feu se propage dans la pièce et calcine la liste du Père Noël dans une gerbe d'étincelles.

– Ma liste ! hurle le Yark.

– Pauvre Monstre ! sanglote Lewis. Tout cela ne serait pas arrivé si tu m'avais dévoré !

Le Yark songe que cet enfant avait assurément bon cœur et qu'il aurait aimé le lui manger avec un peu de beurre. Mais il n'a pas le temps de rêvasser davantage. Pressé par un besoin naturel, le Monstre se jette encore par la fenêtre et détale comme une gazelle.

Flanqué d'une diarrhée de tous les diables, le Yark file comme une fusée à travers la forêt.

À chaque enjambée, le malheureux compose une symphonie de pets. Sur son passage, les animaux sursautent, redoutant que ces coups de pétards signalent déjà l'ouverture de la chasse.

Une terrible explosion l'arrache du sol. Telle une fusée spatiale, il décolle à la verticale. Son derrière à réaction lui fait franchir le mur du son. Et semblable au dieu Pégase, le Yark disparaît dans les étoiles, à fond les gaz.

Las de sa vie, de lui-même et de ce monde sans amour, le Yark ne souhaite plus qu'une chose : se dissoudre dans l'espace pour toujours.

Comme pour exaucer son vœu, la mort apparaît devant lui. Elle a la forme d'un gouffre de lumière, un soleil froid, scintillant, d'une blancheur nucléaire. Le Yark supersonique heurte la boule de feu dans une explosion de verre brisé.

Ce choc spectaculaire n'a pourtant rien de mortel. Car ce n'est pas dans l'au-delà que le Yark s'est échoué. C'est sur la lanterne d'un phare qu'il s'est écrasé.

8

Madeleine

Si longue soit la nuit, elle passe.

Quelques jours plus tard, le Yark se réveille dans un lit douillet, recouvert d'une couette d'un beau velours violet.

Assise à son chevet, une enfant l'observe. Silencieusement, le Yark renifle cette fillette aux grands yeux poivrés, à la peau d'amande et au souffle sucré.

– D'où viens-tu ? demande-t-elle. Que t'est-il arrivé ?

– Empoisonné, répond la bête dans un souffle.

Reprenant peu à peu ses esprits, le Yark jette un regard autour de lui. Son lit est au centre d'une pièce ronde aux parois vitrées. Autour des fenêtres, des nuages tournoient comme des

fantômes paresseux. On croirait que la chambre flotte dans les airs.

– Où suis-je ? balbutie le Monstre.

– Dans un phare abandonné. C'est ici que je vis, murmure la fillette en glissant un bouquet d'herbe dans la gueule du convalescent.

– Qu'est-ce que c'est ? sursaute le Monstre.

– De la menthe, du basilic et de la sarriette... Tout ce qu'il faut pour soigner un ventre malade.

C'est la première fois que le Monstre goûte pareille salade. Mais devant tant d'innocence, il n'ose dire mot et broute en silence.

– Je m'appelle Madeleine. Et toi ?

De toute évidence, la petite ignore qu'il est un Monstre. Ce dernier juge inutile de l'en informer et fait mine de se rendormir. Il flaire discrètement la fillette pour mieux la connaître, et isole ses trois principaux composants olfactifs. La violette et l'anis, en notes de cœur, révèlent toute sa mélancolie. En note de fond, un parfum de coton et de riz frais atteste de sa bonté. Le Monstre distingue enfin ce mélange d'orange sanguine et de sucre lacté, une note de tête qui n'émane que des âmes pures.

Émue aux larmes, le Yark songe que cette combinaison révèle la plus merveilleuse petite fille du monde.

« Pauvre innocente ! songe-t-il en ravalant sa salive et sa honte. Cet ange ignore qu'elle sauve un démon ! Ah, si elle savait le risque qu'elle encourt à se montrer si bonne envers moi ! »

Un murmure de Madeleine interrompt ses pensées :

– J'ai bien cru que tu ne te réveillerais jamais !

Puis, dans un sourire, elle ajoute :

– Tu m'as fait peur, tu sais ?

La peur, ce n'était pas la première fois que le Yark l'inspirait. Qu'on ait peur de lui était chose banale. Mais la peur de Madeleine était bien différente.

Elle avait eu peur *pour lui.*

« Pour moi », se répète le Monstre incrédule, car c'était bien la première fois qu'il recevait un tel sentiment en cadeau. Alors, une émotion l'envahit. Une sensation si nouvelle qu'il est incapable de lui donner un nom.

Après un long silence, le Yark ouvre un œil.

– Je ne t'effraie pas ? demande-t-il timidement.

– Non !

– Tu ne me trouves pas laid ?

La fillette hausse les épaules, comme si la question était absurde.

– Moi, je te trouve beau !

Beau ? Ce mot qu'on ne lui avait encore jamais adressé lui donne des frissons.

– D'ordinaire, les humains me trouvent repoussant, chuchote le Monstre.
– Les humains n'ont pas beaucoup d'imagination. Ils ne voient la beauté que dans ce qui leur ressemble.
– Mais, tu es humaine, toi ! s'exclame le Yark.
– Oui ! Et puisque je te trouve beau, c'est la preuve qu'on se ressemble !

Avec ces quelques mots, la petite fille pense avoir tout dit. Elle sourit au Monstre, l'embrasse sur le front puis quitte la chambre en lui souhaitant bonne nuit.

Le Yark se retrouve seul avec sa fatigue, la rumeur de l'orage et son impression de bonheur.

Et maintenant, il rêve… Sur une immense table ovale, une constellation de plats s'étale à l'infini : jambon de garçons, gratin d'orphelins, purée d'écoliers, gigot de jumeaux, lardon aux lardons, bébés panés, nourrissons farcis, rillettes de fillettes, mioches en brioche, enfants de chœur à la broche…

Mais soudain, un choc ! Le Yark découvre la tête décapitée de Madeleine gisant au fond de son assiette. Les deux grands yeux noirs de la fillette le fixent avec tristesse. Le Monstre hurle et se réveille en sueur. Pour la première fois de sa vie, le festin d'un enfant s'achève par un cri d'horreur !

9

Deux sentiments

Sans qu'aucune raison scientifique puisse être invoquée, le Yark et Madeleine s'apprivoisèrent en un rien de temps.

Leur bonheur, alors, aurait pu être parfait.

Parfait comme ces courses à travers bois en compagnie des bêtes sauvages, ces vols planés au-dessus des falaises et ces ascensions dans le ciel pour se désaltérer aux nuages.

Parfait comme ces nuits à ne rien dire, ou seulement à rire, blottis au creux d'une épaule pour écouter un cœur qui bat.

Oui, tout aurait pu être parfait.

Mais la perfection n'étant pas de ce monde, ce bonheur allait bientôt s'écrouler.

Car le Monstre était la proie de deux sentiments opposés, deux tentations si violentes et contraires qu'elles condamnaient son cœur au supplice.

Madeleine était si douce et gentille qu'il désirait de toute son âme la chérir et la protéger. Malheureusement, ces mêmes qualités lui donnaient également envie de la manger !

Il devait lutter sans répit contre lui-même, lutter contre tout ce qu'il était depuis la nuit des temps, lutter contre ce Monstre mangeur d'enfants.

Ah, l'effroyable dilemme ! Car le Yark aurait préféré mourir mille fois plutôt que de blesser Madeleine.

Le Yark était pourtant résolu à dompter ses instincts. Non, sa faim ne triompherait pas ! Non, son ventre ne dicterait pas son destin ! Et pour élever son âme, il se dit que l'art offrirait le meilleur des moyens.

Ainsi, le Yark devint peintre.

Son pinceau esquissa d'abord de jolies pommes, de belles poires, puis soudain, DES TÊTES D'ENFANTS DÉCAPITÉS !

Il abandonna aussitôt le dessin pour la sculpture. Son burin tailla d'abord de jolies sphères, de beaux carrés, puis soudain, DES TÊTES D'ENFANTS DÉCAPITÉS !

Il crut que la poterie l'inspirerait davantage. Ses doigts modelèrent d'abord de jolis vases, de beaux cendriers, puis soudain, DES TÊTES D'ENFANTS DÉCAPITÉS !

Et le Yark mit un terme à sa carrière artistique en piétinant rageusement sa réserve d'argile.

Voyant son ami déprimer, la fillette décida un soir de lui préparer quelques douceurs.
– Voilà pour toi, dit-elle en lui tendant un plateau garni de madeleines au beurre.

Le Monstre porta à ses lèvres tremblantes un petit gâteau. La madeleine fondit sur sa langue et le Yark éclata en sanglots.

Alors, il avoua son terrible secret.

Il dit toute sa honte. Il dit qu'il était un danger. Il dit qu'il devait partir. Il dit qu'il avait si peur de la manger !

Un frisson parcouru Madeleine. Mais ce n'était pas une menace qui la faisait trembler. C'était d'entendre tout l'amour que ce Monstre lui portait.

Bouleversée à l'idée qu'il s'en aille, elle tendit la main vers ses crocs, sans hésiter.
– Mange ! Juste quelques doigts ! Des doigts, j'en ai plein… Manges-en quelques-uns si cela peut calmer ta faim !

Le temps d'un vertige, le Yark fut tenté. Mais il replia délicatement la petite main rose en l'effleurant d'un baiser.

– La faim est une souffrance, dit-il. Mais te faire du mal serait plus terrible encore.

Voilà. Tout était dit. Le Yark devait maintenant partir. Quand il ouvrit les fenêtres, Madeleinc tenta de le retenir.

– Ne m'abandonne pas !

Le Monstre la repoussa d'un grognement désespéré.

– Tiens-tu tant que ça à te faire dévorer ?

D'un bond, il sauta sur le toit et Madeleine le supplia encore une fois.

– Si tu m'aimes, reste…

Le Yark lui sourit tristement.

– Tu ne comprends donc pas ? C'est par amour que je te quitte, justement…

Alors, il s'éleva dans le ciel et les yeux pleins de larmes, Madeleine regarda son ami disparaître parmi les étoiles.

Égaré dans l'espace, le Monstre au cœur brisé se laissa tomber. Son chagrin pesait mille tonnes. Il chuta comme une pierre, tête la première, tout droit sur la terre.

Et pour en finir, il s'écrasa dans la forêt profonde.

10

Les enfants sauvages

La naissance d'un enfant est toujours un événement d'importance. Son arrivée dans le monde bienveillant des hommes est célébrée à juste titre par des dragées, du champagne et pour les plus chanceux, par l'ouverture d'un compte épargne.

Mais qu'il est court, l'âge d'or !

Car au fil des ans, il faut bien admettre que l'enfant perd beaucoup de son charme. Corps et caractère se dégradent à chaque anniversaire. Le temps l'empâte, le défigure, l'abêtit… La faute à qui ? À ce Monstre adulte qui germe en son sein, comme une mauvaise herbe colonisant le jardin.

L'âge de raison marque le début de cette dégradation spectaculaire. Le chérubin fané commence à poser des questions, exprimer des idées ou négocier des horaires. Capricieux, gourmand et peu hygiénique, son goût pour les musiques bruyantes et les habits à la mode constitue une charge embarrassante et coûteuse.

Oui, qu'il est court, l'âge d'or !

Et lorsque risettes et babils ont fait long feu, il ne reste plus aux parents que la perspective d'un ado boutonneux.

L'abandon s'impose alors pour rester sur un bon souvenir.

C'est ainsi qu'un nombre considérable d'enfants est abandonné chaque année dans les bois. Rien qu'en France, on estime leur nombre à soixante mille. Ce n'est jamais de gaieté de cœur que les parents remettent à dame Nature le destin de leur progéniture. Mais ils trouveront toujours quelques motifs de consolation dans la revente des habits et des jouets qui leur permettront de s'offrir quelques jours de repos bien mérités.

Égarés dans la forêt profonde, ces malheureux livrés à eux-mêmes retrouvent peu à peu l'état naturel. Loin de l'école, ils oublient le langage et ne s'expriment plus que par des borborygmes pleins de rage.

En les observant, on peut se faire une idée de ce qu'étaient les hommes à l'aube de l'humanité : des petits groupes affamés, en état de guerre permanent, sans foi, ni loi, ni brosse à dents, errant dans les bois en quête de chair fraîche et de sang.

Cette observation n'a toutefois pas beaucoup d'intérêt puisque depuis l'âge de fer l'homme n'a guère évolué.

Imaginez l'excitation des enfants sauvages lorsqu'ils reconnaissent le Yark agonisant sur un sentier.

De la morve coule de leur nez en signe de joie. Ce colosse ferait un succulent goûter ! Et quelle aubaine pour assouvir leur faim de cruauté ! Car les sauvageons connaissent bien la faiblesse du Yark. Ils savent que leur méchanceté empêche ce Monstre de se défendre et encore plus de les croquer. Le Yark renifle leur présence. L'odeur de ces vilains lui donne la nausée. Mais assommé par sa chute, il est trop faible pour s'échapper.

Comme un coup de tonnerre, la horde d'enfants s'abat sur lui. Ils sont plus d'une centaine à le mordre, le tordre, l'étrangler, à s'agripper à ses crocs et tirer sur ses ailes pour les arracher. Le Yark rugit de douleur.

« Mon heure est venue », pense-t-il avec de la peine et un peu de soulagement.

Alors, telle la chèvre de Monsieur Seguin, le gros Monstre poilu se couche à terre pour se laisser manger tout cru. Bien sûr il pourrait abréger son calvaire en décapitant d'un coup de dents ses petits adversaires. Leur chair venimeuse le tuerait sur-le-champ ! Mais le Monstre au cœur tendre a pitié de ses assaillants. Seraient-ils si méchants s'ils n'avaient pas été abandonnés ? Seraient-ils si cruels s'ils avaient vraiment été aimés ? Et puis, le Yark songe à tous les enfants qu'il a mangés. Et comme pour se faire un peu pardonner, il ne trouve pas injuste d'être à son tour dévoré.

Mais les enfants sauvages n'ont pas l'intention d'achever leur prisonnier tout de suite. Bien qu'ils soient affamés – cela faisait des semaines qu'ils ne se nourrissaient que de crottes d'araignées –, leur besoin de cruauté est encore plus intense que la faim.

Tête à l'envers, le Yark est ligoté à un tronc d'arbre et les petits sauvages dansent autour du prisonnier en poussant des cris macabres.

Un petit roux, maigre comme un clou, avance vers le Monstre. Il s'arrache quelques cheveux puis les enfourne dans la gueule du Yark. Le colosse pousse un cri atroce. Cette mèche de méchant le brûle comme une aiguille chauffée à blanc. Amusés par le spectacle, les petits enfants rient aux éclats.

Puis, à tour de rôle, ils défilent devant le Monstre pour jeter dans sa gueule de petites portions de leurs corps : croûte de genou, ongle arraché, crotte de nez et d'autres choses encore…

Les enfants veillent à ne lui faire ingurgiter que d'infimes quantités de poison. Car c'eût été un gâchis que le Yark meure sur-le-champ. Pour qu'un supplice soit drôle, encore faut-il qu'il soit lent !

Jusqu'au bout de la nuit, la fête infernale se poursuit.

À bout de force, le Monstre ne peut même plus gémir. Il se dit qu'au petit matin, tout sera fini.

« Quelques heures encore à tenir, pense-t-il, et ces petits bouts d'enfants venimeux finiront bien par me faire mourir. »

Mais tandis que ses forces le quittent, une image surgit devant ses yeux. Le visage de Madeleine lui apparaît dans toute sa candeur. Son sourire efface la douleur. Son souvenir estompe le chagrin.

Alors, le Yark ne redoute plus le temps qui reste jusqu'au matin.

II

Petit déjeuner

C'est l'aurore.

Un rayon de soleil chatouille la truffe du Monstre et le fait éternuer. Il s'étire, cligne des yeux, bâille avec volupté. Soudain, il sursaute.

– Quoi ? Je ne suis pas mort ?

Abasourdi d'être toujours en vie, le Monstre écoute les battements de son cœur. Par quel miracle a-t-il retrouvé toutes ses forces ? Il respire l'air du matin, bombe le torse… Jamais le Monstre ne s'est senti aussi bien.

– Comment est-ce possible ? murmure-t-il en songeant à tout le poison ingurgité durant la nuit.

Exténués par leur fête nocturne, les enfants sauvages ronflent à ses pieds. Intrigué, le Yark les renifle. Leur parfum de cuir métallique, de cire humide et d'olive moisie l'a toujours dégoûté.

Pourtant, ce matin, quelque chose a changé.

Ce fumet de crapule le fait saliver !

Ahuri par ce mystère, le Yark arrache ses liens puis s'agenouille devant les enfants pour mieux les sentir.

– Mmh, ça sent bon le vilain, ronronne-t-il avec autant de stupeur que d'envie.

Sa langue rouge cerise léchouille leurs petites têtes avec gourmandise.

Mais un élan de pitié le retient de mordre. Dans leur sommeil, ces petits miséreux semblent si touchants, si fragiles… Le brave Monstre s'interroge encore : « Seraient-ils si méchants s'ils n'avaient pas été abandonnés ? Seraient-ils si cruels s'ils avaient vraiment été aimés ? »

– Certainement ! rugit-il sans autre forme de procès.

Et il se jette sur les enfants pour les croquer jusqu'au dernier.

– Cent deux méchants ! triomphe le Yark qui avait compté chaque bouchée. Cent deux méchants et même pas mal au ventre ! Rien ! Pas un effet secondaire ! Cent deux méchants et pas un pet de travers !

Alors, le Yark danse de joie. Et malgré son copieux petit déjeuner, il ne s'est jamais senti si léger !

12

Le tour du monde

Lorsqu'un doigt gigantesque tapote délicatement aux fenêtres du phare, le visage de Madeleine s'illumine d'un immense sourire.

La fillette saute sur les épaules du Yark et tous les deux fêtent leurs retrouvailles en faisant des loopings au-dessus des vagues.

Le soir venu, tout en dégustant une marmite de fruits confits, le Monstre fait le récit de son extraordinaire aventure. Il s'étonne bien sûr d'avoir survécu au supplice des enfants sauvages. Mais il est encore plus stupéfait de les avoir digérés.

– Divin miracle ! proclame le Yark.

Pour Madeleine cet événement n'a rien de surnaturel. Citant l'adage «Tout ce qui ne tue pas rend plus fort», elle explique que ces petits bouts de méchants ont agi comme un vaccin. Au lieu de le tuer, ces petites quantités de poison l'ont immunisé contre la chair toxique des vilains.

Le Yark ne comprend pas grand-chose à cette explication, mais n'en savoure pas moins la conclusion :

– Je peux maintenant me goinfrer de tous les enfants du monde entier ! jubile-t-il.

– La liberté serait que tu puisses vivre sans dévorer personne, réplique l'enfant.

– Vivre sans manger ? sursaute le Monstre.

– Vivre sans tuer personne ! corrige Madeleine en riant.

– Mais c'est dans la nature d'un Monstre de manger des enfants ! s'indigne le Yark.

– Il n'y a pas de loi, affirme Madeleine. Il n'y a que ce que chacun décide pour soi.

– Hé bien moi, je ne changerai jamais !

– Vraiment ? Alors, pourquoi tu ne m'as pas dévorée ? rétorque Madeleine sur un ton malicieux.

Ne sachant quoi répondre, le Yark se tait.

Après un moment de réflexion, il porte la main sur son cœur :

– Sois tranquille ! Je ne mangerai plus que des crapules. Rien que des sauvages qui poussent en forêt !

Mais Madeleine se fichait bien que le repas du Yark soit gentil ou méchant. Ce qui la gênait c'était que pour vivre il faille tuer un être vivant !

Embarrassé, le Monstre promet un peu rapidement :

– Alors, c'est juré… Je ne mangerai plus jamais d'enfant.

Menteur !

Car la nuit même, après s'être assuré que Madeleine dormait à poings fermés, ce gourmand s'envole par la fenêtre pour tester son appétit sans limites sur les enfants du monde entier.

Dans le ciel, le Yark se laisse brusquement tomber et atterrit par hasard en Afrique.

Son flair l'attire vers une maisonnette d'où émane un délicieux fumet. Tout en salivant d'avance, il se glisse dans la chambre en ricanant.

– Hi ! Hi ! Qu'il soit brave ou méchant, je n'en ferai qu'une bouchée !

Mais le Monstre sursaute en découvrant l'enfant dans son lit. Ce petit Africain ressemble à s'y méprendre à Madeleine ! Et bien qu'il soit noir, frisé et trois fois plus gros, le Yark croirait pourtant voir son jumeau !

Ce choc lui coupant l'appétit, il déguerpit de la chambre et s'envole aussitôt pour la Chine.

À grandes enjambées, le Monstre fonce à travers des rizières en maudissant les moustiques. Mais peu importe leurs piqûres. En direction d'un orphelinat, le Monstre court à toute allure.

Dans le dortoir silencieux, il rampe entre les petits lits alignés. Une écharde lui transperce une fesse et le Monstre stoïque se retient de crier. Mais quand il se penche au-dessus des enfants, il ne peut s'empêcher de hurler.

Tous ces petits Chinois ressemblent à Madeleine !

– Je deviens fou ! glapit le Yark en tremblant.

Il a beau se frotter les yeux en courant de lit en lit, le Yark reconnaît en chaque enfant le visage de celle qu'il ne pourrait jamais manger.

Toute la nuit, le Yark visite des milliers de chambres à travers tous les continents. Et il a beau voyager d'Espagne en Bulgarie, de l'Inde jusqu'aux États-Unis, tous les enfants du monde semblent avoir pris les traits de Madeleine.

Longtemps, le Monstre se crut victime d'hallucinations. Puis il finit par admettre que l'amour d'une enfant lui faisait voir le monde autrement.

Depuis cette nuit, le Yark n'a plus jamais mangé d'enfant.

13

Son histoire

Aujourd'hui encore, le Yark et Madeleine vivent tout en haut de ce phare. Loin du monde, ils veillent l'un sur l'autre et mènent une existence paisible à l'abri des regards. Et quand le Monstre agite ses pinceaux, il dessine désormais de superbes œuvres d'art.

Parfois, le goût des enfants lui revient en mémoire et il songe à ses orgies d'autrefois. Alors, quand Madeleine est endormie, le Yark disparaît dans la nuit.

Si vous levez les yeux, vous l'apercevrez peut-être planer au-dessus des toits.

Mais ne soyez pas effrayés. Le Yark ne se laisse plus guider par son flair. Il vole maintenant les yeux grand ouverts.

Son regard est parfois attiré par la fenêtre éclairée d'une chambre. Et même si ce n'est qu'une flamme de bougie, le Yark la voit comme un feu de détresse, un phare dans la nuit, le signal d'un cauchemar qui réveille un enfant dans son lit.

Alors, le Monstre descend sur terre.

Ses ongles crochus ouvrent la porte d'entrée. Il traverse le couloir puis grimpe sans bruit l'escalier.

À pas de loup, il se faufile dans la chambre. Sa main légère glisse sur le mur pour éteindre la lumière. En s'approchant du lit, il renifle un parfum d'enfant terrifié par le noir.

Et pour l'aider à s'endormir, le Yark lui raconte son histoire.

Fin